SCYLLA
ET
GLAUCUS,
TRAGEDIE,
REPRÉSENTÉE
PAR L'ACADEMIE ROYALE
DE MUSIQUE;

Pour la premiere fois, le Mardi 4 Octobre 1746.

PRIX XXX SOLS.

 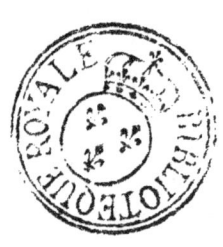

AUX DEPENS DE L'ACADEMIE.

On trouvera les Livres de Paroles à la Salle de l'Opera & à l'Academie Royale
de Musique, rue S. Nicaise.

M. D. CCXLVI.
AVEC APPROBATION ET PRIVILEGE DU ROY.

Les Paroles de Monſieur D'ALBARET.

La Muſique de Monſieur LE CLAIR.

PREFACE.

LES sujets du Prologue & de la Tragédie, sont tirés l'un & l'autre des Métamorphoses. Ovide parle des Propétides comme Citoyennes de la Ville d'Amathonte : elles nioient la divinité de Venus ; la Déesse irritée les changea en Statues de pierre. L'avanture des Propétides & celle de Scylla étant purement fabuleuses, je me suis cru permis de les réunir sous une même époque, pour lier en quelque sorte le Prologue à la Tragédie. J'ai plus osé : pour avoir occasion de chanter notre glorieux Monarque, je suppose que ces deux évenemens se passent de nos jours ; & je ne crains point de pousser trop loin les prérogatives de la fiction. En effet tels sont les droits de la Poësie dramatique, & l'avantage qu'elle a sur l'Epopée. Celle-ci quelque superieure qu'elle puisse être d'ailleurs, n'offre jamais qu'une narration ; c'est l'action même que l'autre met sous les yeux. Calliope en un mot chante les Héros & les faits sans les déplacer, & sans les faire revivre ; Melpoméne en les transportant au tems même de la représentation, leur donne un nouvel être, & les rend contemporains du Spectateur.

Je dois encore dire quelque chose sur la machine du quatriéme Acte, qui pourroit paroître trop singuliére à ceux qui ne connoissent point les Poëtes Latins : c'est chez eux que j'ai pris mes enchantemens ; je n'ai fait que les mettre en action. Je me suis aussi servi pour amener Hécate sur la scêne, de l'opinion établie dans la fable, touchant cette triple Divinité qu'on a feint être Diane sur la terre, la Lune dans le ciel, & Hécate dans les enfers. La connoissance & l'usage des plantes empoisonnées, qui faisoient la principale science

A ij

de Circé, m'ont donné l'idée de l'herbe mortelle que lui apporte la Déeſſe.

Je ne diſſimulerai point qu'on m'a reproché de finir trop triſtement par la cataſtrophe de Scylla, & par le tableau de ſa métamorphoſe. Quant au dernier, j'ai cru que ce Spectacle pouvoit avoir ſa beauté, & ſi je l'oſe dire, ſon genre d'agrément : & pour l'autre, outre que j'avois été devancé par Thomas Corneille qui ayant traité préciſément le même ſujet dans ſa Circé, & voulant finir par un dénouement heureux, m'a ravi le ſeul peut-être que j'euſſe pu employer ; j'ai bien de la peine à convenir que cette fin tragique ſoit un défaut pour un Opera-Tragedie. La peine qu'éprouve le Spectateur attendri, n'a-t'elle pas ſes charmes ? Je ne ſçai même ſi la ſatisfaction contraire n'eſt pas inferieure à cette ſorte de plaiſir. Le grand point eſt de toucher, d'intereſſer aſſez pour qu'on emporte des regrets : & c'eſt ce que je n'oſe me promettre.

ACTEURS CHANTANS

Dans les Chœurs.

CÔTÉ DU ROI.		CÔTÉ DE LA REINE.	
Mesdemoiselles.	*Messieurs.*	*Mesdemoiselles.*	*Messieurs*
Dun.	Lefebvre.	Cartou.	Deserre.
Tulou	Marcelet.		Gratin.
	Le Page C.	Monville.	S. Martin.
Delorge.	Laubertie.		Le Mesle.
	Fel.	Riviere.	Bellanger.
Larcher.	Bourque.		Levasseur.
Delâtre.	Houbault.	Masson.	Belot.
	Bornet.		Loüatron.
Cazeau.	Duchênet	Rôllet.	Terrasse.
	Gallard.		Chapotin.
Lurcy.	Rochette.	Delorme.	Dugué
Monbrun.	Pinot.	Gondré.	Quintin.

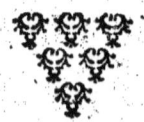

ACTEURS

DU PROLOGUE.

LE CHEF *des Peuples d'Ama-*
thonte, SACRIFICATEUR,   Mr Perfon.

Peuples d'Amathonte.

UNE PROPETIDE,   Mr Cuvillier.

Propetides.,

VENUS.,   Mlle Romainville.

L'AMOUR,   Mlle Cazeau.

PERSONNAGES DANSANS.

PEUPLES D'AMATHONTE.

Mlle le Breton.

Mr Matignon, Mlle Lyonois.

Mrs Dangeville, Caillez, Lyonois, Feuillade.
Mlles Puvignée, Minot, du Château, Devaux.

§§§§
§§

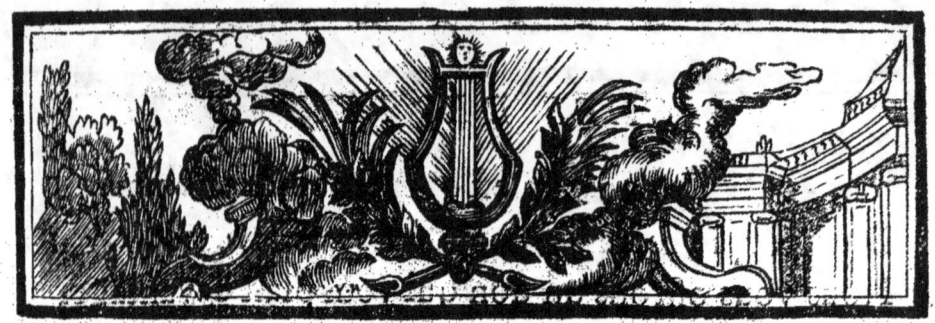

PROLOGUE.

Le théatre représente un temple de Venus, où les Peuples d'Amathonte célebrent une fête à l'honneur de cette Déesse.

SCENE PREMIERE.

LE CHEF DES PEUPLES D'AMATHONTE,

CHŒUR DES PEUPLES D'AMATHONTE.

CHŒUR.

REINE de la nature, ô puissante Déesse !
    Charmante mere des Amours,
Vous par qui l'univers est embelli sans cesse,
Régnez, regnez sur nous, ô puissante Déesse !
    C'est vous qui faites nos beaux jours.

LE CHEF DES PEUPLES.

L'encens n'eſt que le moindre hommage
D'un peuple fortuné, comblé de vos faveurs :
Nous vous offrons un don qui vous plaît davantage,
Immortelle Venus, c'eſt le don de nos cœurs.

LE CHŒUR reprend.

Reine de la nature, ô puiſſante Déeſſe ! &c.

On danſe.

Le divertiſſement eſt interrompu par l'arrivée des Propetides, qui viennent troubler la fête.

LE CHEF DES PEUPLES.

Quel bruit ſoudain ! Quel trouble ! Et qui peut dans
ces lieux
Interrompre nos jeux ?

Les Propetides arrachent les ornemens du temple, abbattent la ſtatuë de Venus, & l'autel ſur lequel elle eſt poſée.

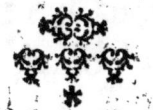

SCENE II.

SCENE II.

LE CHEF DES PEUPLES, UNE PROPÉTIDE.

CHŒUR DES PEUPLES, CHŒUR DES PROPÉTIDES.

CHŒUR des Propétides.

DEtruisons ce temple profane. Renversons des autels que la raison condamne.

LE CHEF des Peuples pendant le Chœur.

Ciel! Quels attentats furieux.

UNE PROPÉTIDE.

D'une Déesse imaginaire
Bannissons le culte odieux :
C'est vainement qu'on la révere ,
Venus ne fut jamais admise au rang des Dieux.

LE CHŒUR reprend.

Detruisons , &c.

LE CHEF DES PEUPLES.

Redoutable Venus, on vous livre la guerre,
Vengez-vous punissez des complots criminels :
Que le maître des Dieux vous prête son tonnere ;

B

Qu'un exemple effrayant puiſſe apprendre à la terre
A reſpecter les Immortels.

*On entend gronder le tonnerre, & l'on voit
des éclairs.*

Quel tonnerre! Quels feux! tremblez: c'eſt rarement
Que le Ciel ſur l'impie a grondé vainement.

*On entend un bruit de timbales & de trompettes. Venus
deſcend dans un char, ayant l'Amour à ſes pieds. Les
Propétides ſe rangent ſur les aîles du théatre.*

SCENE III.

VENUS, L'AMOUR, LE CHEF DES PEUPLES.

CHŒUR DES PEUPLES, CHŒUR DES PROPÉTIDES.

VENUS, aux Propétides.

CEssez de braver ma puissance ;
Eprouvez les effets d'une juste vengeance.

Les Propétides sont métamorphosées en statues de pierre, qui de chaque côté bordent le théâtre.

VENUS, aux Peuples.

Pour vous dont je reçois & l'encens & les vœux,
Peuples que je chéris, ne prenez point d'allarmes
    Si l'appareil du Dieu des armes
    M'annonce & me suit en ces lieux :
Depuis qu'un Roi charmant dont la gloire m'est
  chere,
    Ne se plaît que dans les hazards,
    Et semble disputer à Mars
    Le titre de Dieu de la guerre,
    Les trompettes & les tambours
    Deviennent les jeux des Amours.

CHOEUR.

Les trompettes & les tambours
Deviennent les jeux des Amours.

LE CHEF des Peuples.

Des Nations il triomphe sans peine :
Sa valeur les soumet, sa bonté les enchaîne ;
Leur bonheur répond de leur foi.

L'AMOUR.

Dans un auguste fils, la plus chere espérance
Des peuples soumis à sa loi,
Il voit de ses vertus croître la récompense.

VENUS, L'AMOUR,
& le CHEF des Peuples.

Que digne fils du plus grand des vainqueurs,
Il apprenne d'un Roi que la gloire seconde,
A vaincre, à regner sur les cœurs,
A faire le destin du monde.

CHOEUR.

Que digne fils du plus grand des vainqueurs,
Il apprenne d'un Roi que la gloire seconde,
A vaincre, à regner sur les cœurs,
A faire le destin du monde.

On danse.

L'AMOUR.

Venez, qu'Amour vous couronne,
Approchez charmans guerriers,
Comme la fiére Bellonne,
Il vous offre ses lauriers :

Que vous serviroit la gloire ?
Sans l'amour est-on heureux ?
Il n'est de douce victoire
Que dans l'empire amoureux.

VENUS.

Votre zéle pour moi brille assez dans vos jeux :
Mais pour mieux assurer ma gloire,
Il manque à mon triomphe encore une victoire.

Dans la Sicile on méprise més feux ;
D'une foule d'amans empressés à lui plaire,
L'orgueilleuse Scylla dédaigne les soupirs :

à l'Amour.

Mon fils, allez soumettre une Nimphe si fiére ;
Qu'elle apprene en ce jour à former des désirs.

l'Amour s'envole.

FIN DU PROLOGUE.

ACTEURS
DE LA TRAGEDIE.

SCYLLA, *Nymphe*,   Mlle Fel.

TÉMIRE, *Confidente de Scylla*,   Mlle Coupée.

GLAUCUS, *Dieu Marin*,   Mr Jeliote.

CIRCÉ, *Magicienne*,   Mlle Chevalier.

DORINE, *Confidente de Circé*,   Mlle Jaquet.

LICAS, *Confident de Glaucus*,   Mr de la Mare.

ACTEURS DES DIVERTISSEMENS.

UN BERGER,   Mr de la Tour.
       } *Amans de Scylla*,
UN SILVAIN,   Mr Albert.

Bergers & Silvains.

Ministres de Circé.

UNE CORIPHÉE *des Suivans*
   de Circé   Mlle Cazeau.

Divinités de la Mer.

Divinités infernales.

HÉCATE,   Mr Albert.

Peuples de Sicile.

La Scène est en Sicile.

PERSONNAGES DANSANS.
DANS LES DIVERTISSEMENS.

PREMIER ACTE.
SILVAINS ET BERGERES.

Mr D. Dumoulin. Mlle Camargo.

Mlles Courcelle, S. Germain, Lyonois c. Minot, Sauvage, du Château.

M. Pitro.

Mrs Matignon, Dumay, Monfervin, du Pré, Lionois, Feuillade.

SECOND ACTE.
MINISTRES DE CIRCE sous des formes agréables.

Mr du Pré.

Mrs Hamoche, Dangeville, P. Dumoulin, Caillez, Feuillade, Lyonois.

Mlles Courcelle, S. Germain, Thiery, Beaufort, Lyonois c. Minot..

TROISIEME ACTE.
DIVINITES DE LA MER.

Mlle Dallemand.

Mrs Dumay, du Pré, Lyonois, Caillez.

Mlles Rofali, Petit, Beaufort, Thiery.

QUATRIEME ACTE.

DEMONS.

M. Pitro.

Mrs Dumay, du Pré, Caillez, Hamoche, Matignon,
Monfervin, Feuillade, Lyonois.

CINQUIEME ACTE.

PEUPLES DE SICILE.

Mlle Camargo.

Mrs Matignon, Monfervin.
Mlles Carville, Lyonois.

Mrs Malter c. Fr. Dumoulin,
Mlles Sauvage, Thyery.

Mrs Lyonois, Device,
Mlles Rofali, Petit.

ACTE I.

SCYLLA ET GLAUCUS,
TRAGEDIE.

ACTE PREMIER.

*Le théatre repréfente d'un côté une forêt, & de l'autre
une campagne.*

SCENE PREMIERE.

S C Y L L A, feule.

NON, je ne cefferai jamais
De fuir tes dangereufes chaînes,
Amour, les biens que tu promets
Peuvent-ils égaler tes peines ?

Un cœur féduit par tes attraits,
Eprouve fous tes loix une rigueur extrême ;
Et je vois les tourmens où je m'expoferois,
Par les maux que je fais moi même.

Non, je ne cefferai jamais
De fuir tes dangereufes chaînes,
Amour, les biens que tu promets,
Peuvent-ils égaler tes peines ?

SCENE II.

SCYLLA, TÉMIRE.

TÉMIRE.

QUe votre empreffement a de quoi m'étonner!
Vous prévenez les jeux que l'amour vous
apprête ;
Belle Scylla, que dois-je foupçonner ?
Ce Berger, ce Silvain....

SCYLLA.

Je recevrai leur fête ;
C'eft tout ce qu'obtiendront leurs foins :
Témire, puis-je faire moins ?

T É M I R E.

Quand on craint d'avoir le cœur tendre,
Des doux chants de l'Amour il se faut bien garder :
On n'est pas loin de lui céder,
Lors qu'on prend plaisir à l'entendre.

S C Y L L A.

En vain ces deux amans cherchent à m'engager,
Je les entens sans crainte, & les vois sans danger ;
Mon cœur sçaura bien s'en deffendre.

T É M I R E.

Contre un autre ce cœur seroit-il aussi fort ?
Glaucus, ce jeune Dieu de la cour de Neptune...

S C Y L L A.

J'ignore quel dessein l'attire sur ce Bord ;
Mais sa préfence m'importune.

T É M I R E.

Pourroit-il déplaire à vos yeux ?

S C Y L L A.

Nos Bergers, nos Silvains approchent de ces lieux.

SCENE III.

SCYLLA, TÉMIRE,

Un Berger et un Silvain, *Amans de Scylla.*

BERGERS ET SILVAINS.

C H Œ U R des Bergers.

Aimez, aimez Nimphe charmante;

C H Œ U R des Silvains.

Venez régner dans nos forêts :

LES BERGERS ET LES SILVAINS.

Couronnez la flâme conftante

Les Berg. Du fidele Berger , }
Les Silv. De l'Amoureux Silvain, } qu'enchaînent vos attraits.

On danfe.

LE BERGER, *Amant de Scylla.*

Loin de nos retraittes ,
Loin de nous ,
Les foupçons jaloux,
Les plaintes inquietes :

C H Œ U R des Bergers.

Loin de nos retraittes , &c.

LE BERGER.

Tendre amour, grace à tes bienfaits
Nous jouïssons en paix
D'un sort plein d'attraits :

LE BERGER & *le* CHŒUR.

Nos hameaux tranquiles
Sont d'heureux aziles ;
Régnez Plaisirs, régnez, ne nous quittez jamais.

On danse.

LE SILVAIN, *Amant de Scylla.*

Nos Bois sçavent taire
Un tendre mistére ;
Et pour ne nous trahir pas,
L'écho nous répond tout bas :

CHŒUR *des Silvains.*

Nos bois sçavent taire , &c.

LE SILVAIN.

L'ombre & le silence
Cachent nos secrets ;
Dans nos forêts,
Venez goûter la récompense ,
Le prix des amans discrets.

CHŒUR *des Silvains.*

L'ombre & le silence &c.

On danse.

C H Œ U R des Bergers & des Silvains.

Chantons, chantons; que çes retraittes
Retentiffent de nos concerts :

Que nos hautbois , que nos mufettes,
De leurs fons rempliffent les airs.

S C Y L L A.

Perdez une vaine efpérance ;
Et laiffez-moi jouïr d'un bien que je chéris :
Pour renoncer jamais à fon indifference ,
Mon cœur en connoît trop le prix.

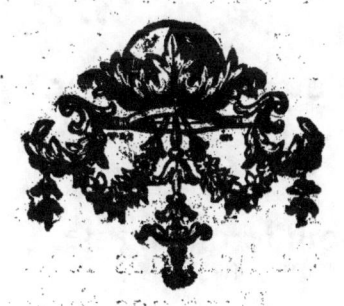

SCENE IV.

SCYLLA, TÉMIRE.

SCYLLA.

ALlons chere Témire ; & cherchons un azile
Où je puiſſe avec toi plus libre & plus tran-
quile,
Goûter le doux repos qui peut ſeul m'enchanter.

TÉMIRE.

Voyez venir Glaucus.

SCYLLA.

Ne puis-je l'éviter ?

TÉMIRE.

Votre ſoin ſeroit inutile.

SCENE V.

SCYLLA, GLAUCUS,

TÉMIRE, LICAS.

GLAUCUS.

Nimphe, tout fur ces bords célébre vos appas;
Des jeux & des plaifirs c'eft ici la retraitte :
Les Amours ne vous quittent pas;
On diroit à les voir attachés fur vos pas,
Qu'ils méditent votre défaite.

SCYLLA.

L'Amour n'offre qu'un bien trompeur,
En vain il cherche à me furprendre :
Plus il attaquera mon cœur,
Plus j'aurai foin de le deffendre.

GLAUCUS.

Croirai-je que les chants que vous venez d'entendre,
Pour attendrir votre ame ont été fans pouvoir ?
Le fort de l'amant le plus tendre,
Eft-il en vous aimant de perdre tout efpoir ?
Il en eft un dont la vive tendreffe
N'a point encore ofé fe montrer à vos yeux :
S'il découvroit fes feux,...

SCYLLA.

SCYLLA

Le nom d'amour me blesse,
Celui d'amant m'est odieux.

GLAUCUS.

Eh quoi ? Dans ce mépris extrême
Que vous gardez à qui vous aime,
Les Dieux mêmes, les Dieux seront-ils confondûs ?

SCYLLA.

Ah ! Je sçaurai toûjours leur rendre
Les hommages qui leur sont dûs.

GLAUCUS.

Mon cœur moins superbe que tendre,
Exige seulement que vous daigniez souffrir
Ceux que je prétens vous offrir.

Quand je ne vous vois pas, je languis, je soupire ;
Je goûte auprès de vous mille plaisirs parfaits :
Et quoique vos beaux yeux causent tout mon
martire,
J'oublie en les voiant tous les maux qu'ils m'ont
faits . . . .
Ciel ! Dans ces mêmes yeux je lis votre colére ;
Cruelle Nimphe, où fuyez-vous ?

SCYLLA.

M'osant faire un aveu qui ne sçauroit me plaire,
N'avez-vous pas craint mon courroux?

D

SCENE VI.

GLAUCUS, LICAS.

GLAUCUS.

NE faut-il que l'aimer pour mériter sa haine ?
Tu l'as vu, cher Licas, ses mépris odieux
    N'épargnent pas même les Dieux.

    C'en est trop, malgré l'inhumaine,
Assurons le succès de mes tendres amours :
Circé peut aisément mettre fin à ma peine ;
    Allons implorer son secours.

FIN DU PREMIER ACTE.

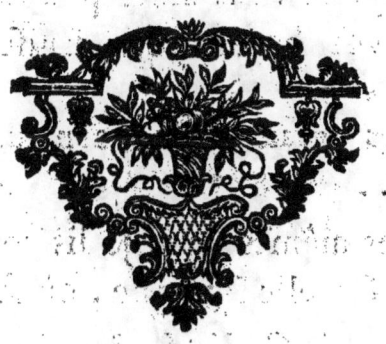

ACTE SECOND.

Le théatre repréſente le palais de Circé.

SCENE PREMIERE.

CIRCÉ, DORINE.

CIRCÉ.

OUI, je dois craindre encor les amoureuſes
   peines,
Dorine, tout m'annonce un ſi preſſant
danger.

DORINE.

Se pourroit-il qu'en de nouvelles chaînes
Circé voulût s'engager ?

CIRCÉ.

Mille troubles secrets en moi viennent de naître,
La crainte & l'espérance y régnent tour à tour :
Après avoir cedé tant de fois à l'Amour,
    Ah ! Pourrois-je le méconnoître ?

Je sens qu'il doit encor triompher en ce jour.

DORINE.

Mais ne songez-vous point aux effets déplorables
    Qu'ont toûjours produit vos soupirs ?
    Et tous ces monstres innombrables,
    Ne sont-ils pas de vos desirs
    Les victimes trop misérables ?

CIRCÉ.

    Mon cœur est fait pour s'enflâmer,
    J'oppose en vain ma résistance :
    Il languit dans l'indifférence ;
    Et ne peut vivre sans aimer.

Apprens ce qu'aujourd'hui mon art m'a fait con-
noître :
    J'ai sçu découvrir que l'Amour
    Devoit conduire en ce séjour,
Un amant rebuté, trop fidele peut-être.

DORINE.

Vous voïez le danger ; songez à l'éviter.....

CIRCÉ

Ah ! mon fort eſt inévitable ;
C’eſt offenſer l’Amour que de lui réſiſter :
Non, je ne veux point l’irriter ;
Son courroux eſt trop redoutable.

DORINE.

Quoi ! vous pourriez brûler pour un amant
Qu’un autre objet engage ,
Et que vous ne verrez peut-être qu’un moment.

CIRCÉ.

Mon cœur pour l’arrêter mettra tout en uſage ,
Et pour rendre à ſes yeux ce ſéjour plus charmant ,
Dorine , tu connois ces jeux dont la molleſſe
Au cœur le plus ſauvage inſpirent la tendreſſe ,
Qui peuvent faire en un inſtant
Du plus fidele un inconſtant ;
L’Amour ſecondant mon adreſſe ,
Je ſçaurai.... Mais on vient.... Et mes ſens éperdûs...
Dorine.... C’en eſt fait.... L’objet qui ſe préſente ,
Porte à mon ame chancelante ,
Tous les coups que j’avois prévûs.

SCENE II.

CIRCÉ, GLAUCUS,

GLAUCUS.

Fille du Dieu brillant dont la courſe éternelle
    Eclaire la terre & les cieux,
    Vous voyez ce mortel fameux
    Qui ſous une forme nouvelle,
Dans l'humide ſéjour admis au rang des Dieux,
    Partage leur gloire immortelle.

CIRCÉ.

Et quel eſt le ſecours que Glaucus en ces lieux
    Semble attendre de mon zéle;

GLAUCUS.

Vous pouvez d'un ſeul mot par vos enchantemens
    Forcer le jour à faire place aux ombres,
Evoquer les Démons hors des Royaumes ſombres,
    Et confondre les élemens :

    Mais j'attens de votre art terrible,
    De moindres effets en ce jour ;
    Et dans le cœur d'une inſenſible
    Je voudrois trouver de l'amour.

C I R C É.

Ah ! loin de vous piquer d'une conſtance vaine ,
Formez plûtôt , formez une nouvelle chaîne ,
      Pour votre gloire & vos plaiſirs :

Mon art eſt peu certain , ou vous pouvez attendre
      Un cœur reconnoiſſant & tendre ,
      Et plus digne de vos ſoupirs.

A vos vœux cependant je ne ſuis point contraire ,
      Glaucus , il faut vous ſatisfaire.

SCENE III.

GLAUCUS, CIRCÉ.

MINISTRES DE CIRCÉ,

Qui par leurs chants & par leurs danses, viennent séduire
GLAUCUS.

CIRCÉ.

Ministres de mon art, de vos enchantemens
Que cet Amant éprouve un effet salutaire :
    Et pour voir finir ses tourmens,
Qu'il reçoive de vous le secours qu'il espere.

Circé se retire.

On danse.

UNE CORIPHÉE.

Amans dont le prix
Nest qu'un fier mépris,
Brisez votre chaîne :

Doit-on s'attendrir,
Brûler & souffrir
Pour une inhumaine ?

Ah ! loin des tendres cœurs
    Les rigueurs,
Les tristes langueurs :

Ne

Ne comptons jamais nos soupirs,
Que par nos plaisirs.

C H Œ U R.

Ah ! loin des tendres cœurs, &c.

. On danse.

L A   C O R I P H É E.

Dieu d'amour que d'attraits
Dans tes flâmes !

C H Œ U R.

Régne, régne à jamais
Sur nos ames.

L A   C O R I P H É E.

Doux momens
Des amans !
A vos charmes
Tout rend les armes :

C H Œ U R.

Doux momens
Des amans !
Enchantez, charmez nos sens.

On danse.

E

LA CORIPHÉE.

Sur ces Bords
Le plaiſir nous anime :

CHŒUR, *pendant lequel on danſe.*

Nos tranſports
Et nos chants, tout l'exprime.

LA CORIPHÉE.

Les allarmes,
Les larmes
N'y troublent point nos vœux :

CHŒUR.

La tendreſſe
Sans ceſſe
Nous fait des jours heureux.

GLAUCUS.

Quel eſpoir ſéduiſant s'empare de mon ame ?
Quelle nouvelle ardeur m'enflâme ?
Plaiſirs, aimables enchanteurs,
Je céde à vos charmes flatteurs.

à Circé qui reparoît.

Belle Reine, eſt-ce vous ? Quel deſtin favorable !
Que vous embelliſſez ces jeux !
Mon cœur vous ſouhaitoit ; votre préſence aimable
Le met au comble de ſes vœux.

CIRCÉ.

Ah! fi pour moi l'Amour vous fait fentir fes feux,
Mon trouble, ce foupir doit affés vous inftruire
Que ce Dieu dans ma Cour n'a pas fçu vous conduire,
  Pour vous y rendre malheureux.

SCENE IV.

CIRCÉ, GLAUCUS, LICAS,

MINISTRES, & SUIVANS DE CIRCÉ.

L I C A S , à Glaucus.

QUelle secrette puissance
Retient Glaucus en ce Palais ?
Tandis qu'à son absence
Scylla donne mille regrets.

GLAUCUS.

Scylla ! Quel nom viens-je d'entendre ?
Sur mon égarement il m'ouvre enfin les yeux.
Que j'ai de graces à te rendre ,
Ami ! Viens, sui mes pas ; abandonnons ces lieux.

Ils sortent.

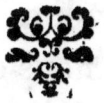

S C E N E V.
C I R C É,
Ministres, & Suivans de Circé.
C I R C É.

IL me fuit, hélas! Il me quitte,
Quand je le croyois dans mes fers.

Quand les biens les plus doux ici lui font offerts,
Quand il a vu, l'ingrat! le trouble qui m'agite:
Vain fecours de mon art qui m'avez trop féduite!
Amour! me gardiez-vous ce funefte revers?

Il me fuit, hélas! Il me quitte,
Quand je le croyois dans mes fers.

Mais pourquoi redoubler mes peines
Par des regrets perdus, & par des plaintes vaines,
Lorfque je puis les foulager
Par la douceur de me venger?

Courons, courons à la vengeance;
Hâtons-nous, volons fur les pas
Du perfide qui nous offenfe:
Vengeons nous fur l'objet de fa perfévérance,
De l'outrage fanglant qu'il fait à mes appas:

Hâtons-nous, volons fur fes pas ;
Courons, courons à la vengeance.

CHŒUR.

Circé ! courez à la vengeance ;
Hâtez-vous, volez fur les pas
Du perfide qui vous offenfe :
Courez, courez à la vengeance.

FIN DU SECOND ACTE.

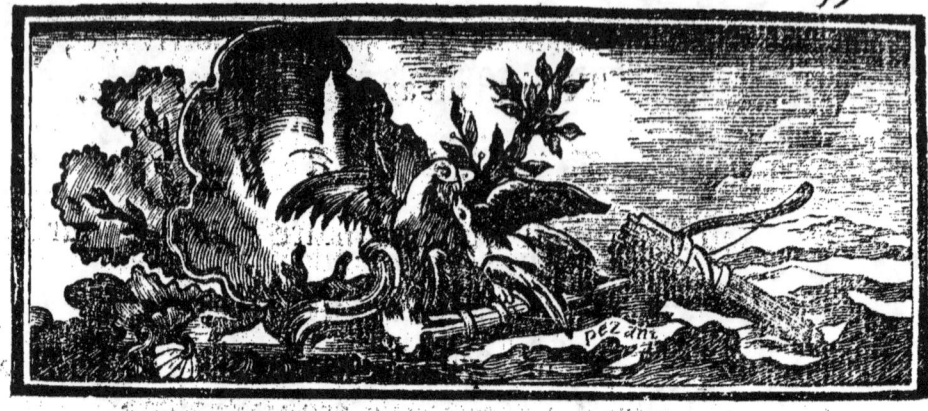

ACTE TROISIEME.

Le théatre repréſente le bord de la mer.

SCENE PREMIERE.

SCYLLA, TÉMIRE.

SCYLLA.

SERMENS trompeurs, tendre langage,
Ah! Qu'il eſt dangereux de vous trop écouter!
Et que ſeroit-ce hélas! ſi j'avois pu compter
   Sur la foi d'un amant volage?

   Sermens trompeurs, tendre langage,
Ah! Qu'il eſt dangereux de vous trop écouter!

Glaucus n'eft plus fur ce rivage;
Témire un autre objet l'engage.

TÉMIRE.

Ce Dieu n'auroit-il fçu vous plaire qu'en ce jour ?

SCYLLA.

Ah! depuis que mes yeux l'ont vu dans ce féjour,
Il ne me paroiffoit déja que trop aimable :
Mais je ne l'ai jamais trouvé fi redoutable ,
       Que lorfqu'il m'a parlé d'amour.
       Hélas ! malgré fon inconftance ,
Malgré tout mon dépit, déformais fans deffence
Ma trop foible fierté ne craint que fon retour.

SCENE II.

SCENE II.

SCYLLA, GLAUCUS, TÉMIRE.

GLAUCUS.

ME fuirez-vous encor, Nimphe trop infenfible ?
  Serez-vous toûjours inflexible ?

SCYLLA.

  J'ai cru que vous ne m'aimiez plus ;
  Et j'en entretenois Témire.

GLAUCUS.

Rien n'éteindra jamais le beau feu qui m'infpire.

SCYLLA.

Les charmes de Circé fur le cœur de Glaucus
  Auroient-ils perdu leur empire ?

GLAUCUS.

  Ses efforts feroient fuperflus.
  Oui, je verrois contre ma flâme
Unis avec Circé pour féduire mon ame,
Et la terre, & les mers, & l'enfer & les cieux,

F

Que je ferois fidele à l'Objet qui m'engage ;
Et j'en attefte ici le terrible rivage
    Que révérent les Dieux.

Mais pourquoi des fermens emprunter le langage ?
Vos yeux feuls de mes feux ne répondent-ils pas ?
    Ce n'eft point avec tant d'appas ,
    Que l'on voit fon amant volage.

S C Y L L A.

Pourquoi vous obftiner à vivre fous mes loix ?
    Laiffez moi mon indifference.

G L A U C U S.

Non, non ; je ne puis trop m'applaudir de mon choix:
Ne vous oppofez plus à ma perfévérance.

S C Y L L A.

Ah, Glaucus !

G L A U C U S.

    Achevez ; laiffez-vous attendrir :
Voyez à vos genoux un Dieu qui vous adore.

S C Y L L A.

Vous avez pu changer ; vous changerez encore.

G L A U C U S.

Banniffez des foupçons qui me font trop fouffrir ;
Ou je croirai qu'enfin vous voulez me haïr.

SCYLLA.

Vous haïr ! fçai-je hélas ! ce que je veux moi-même ?

GLAUCUS.

Vous détournez les yeux.

SCYLLA.

Ils pourroient me trahir :
Contentez-vous de mon défordre extrême,

GLAUCUS.

Ne calmerez-vous point mon efprit agité ?
Parlez.

SCYLLA.

Je crains votre infidélité,
Je m'en plains : puis-je mieux dire que je vous aime ?

GLAUCUS.

Belle Scylla, qu'entens-je ? Quel bonheur !
Non, je ne puis fuffire aux tranfports de mon cœur.
Vous m'aimez ! Et le trouble où cet aveu vous jette,
Me le rend mille fois plus doux.

SCYLLA.

J'ai beau rougir de ma défaite,
Elle me plaît autant qu'à vous.

F ij

E N S E M B L E.

Que le tendre amour nous engage ;
Qu'il régne sur nous à jamais :
Que notre ardeur soit le gage ,
Et le prix de ses bienfaits.

G L A U C U S.

Vous qui dans l'empire des flots
Jouissez avec moi d'une immortelle gloire ,
Applaudissez à ma victoire ;
Venez, sortez du sein des eaux.

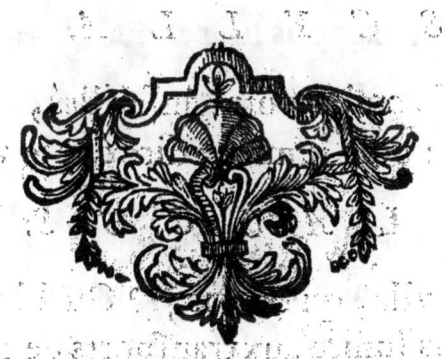

S C E N E I I I.

SCYLLA, GLAUCUS, TÉMIRE.

DIVINITÉS DE LA MER.

G L A U C U S.

CHantez Scylla , chantez ; & célébrez ſes charmes :
Les mortels & les Dieux , tous lui rendent les armes.

C H Œ U R.

Chantons Scylla, chantons ; & célébrons ſes charmes:
Les mortels & les Dieux , tous lui rendent les armes.

On danſe.

T É M I R E.

Jeunes cœurs , votre fierté
Vous fait ſouffrir mille peines :
L'Amour vous offre des chaînes
Plus douces mille fois que votre liberté.

On danſe.

S C Y L L A.

Ta gloire dans ces lieux t'appelle ,
Vole , fils de Venus , vole & raſſure moi.

Mon vainqueur me promet une ardeur éternelle ;
>> Viens être garant de sa foi.

>> Que ta victoire feroit belle !
>> Que tu triompherois, Amour,
>> D'avoir fçu dans le même jour
Rendre mon cœur fenfible, & mon Amant fidele !

>> Ta gloire dans ces lieux t'appelle, &c.

Mais que vois-je ? & vers nous quel nuage s'avance ?
L'Amour en ma faveur quitteroit-il les cieux ?

On voit un nuage qui defcend fur le théatre.

C H Œ U R.

Dieu charmant, répondez à notre impatience ;
Paroiffez : diffipez ce nuage odieux
>> Qui nous cache votre préfence.

Le nuage s'ouvre, & Circé paroît.

G L A U C U S.

Jufte ciel ! c'eft Circé…

S C Y L L A.

>> Ma Rivale ! Grands Dieux !

Circé !

GLAUCUS.

Laiſſez moi ſeul éprouver ſa colere ;
A ſes jaloux tranſports dérobez vos appas :
Eloignez vous ; fuïez....

SCYLLA.

Non , ſi je vous ſuis chere ;
Non ; vous ne me quitterez pas.

SCENE IV.

CIRCÉ, *ſeule.*

Tout fuit , tout diſparoît ; & moi-même immo-
bile,
N'apportai-je en ces lieux qu'un courroux inutile ?

C'eſt trop ſouffrir , je cede à mon reſſentiment ;
Volez , volez affreuſe jalouſie :
Vengeons nous d'un ingrat , perdons mon ennemie ;

Tremble , trop malheureux Amant ,
Crains les effets de ma furie....
Que dis-je ? en me vengeant de qui m'oſe trahïr ,

Je n'en ferai que plus haïe :
Hélas ! Cherchai-je à m'en faire haïr ?

Cherchai-je à l'irriter, lorfque mon cœur l'adore ?

L'ingrat m'alloit donner fa foi,
Ah ! plûtôt effaïons encore
De le ramener fous ma loi :
S'il dédaigne toûjours le feu qui me dévore
N'écoutons plus que ma fureur ;
Rempliffons ce féjour d'épouvante & d'horreur.

FIN DU TROISIEME ACTE.

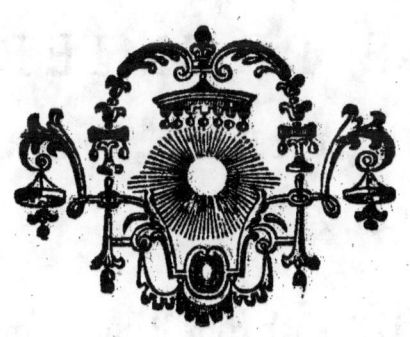

ACTE IV.

ACTE QUATRIEME.

Le théatre repréſente le mont Ætna dans l'éloignement.

SCENE PREMIERE.

GLAUCUS, CIRCÉ, DORINE.

CIRCÉ.

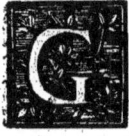LAUCUS, par tout l'amour que j'ai fait
    éclater,
      N'ai-je obtenu que votre haîne ?

GLAUCUS.

Ah ! croïez que mon cœur touché de votre peine,
      Ne cherche point à l'irriter.

G

C I R C É.

Ne te souvient-il plus de la douceur charmante?
Qui sembloit répondre à tes vœux
Dans la Cour d'une tendre amante ?

Reviens, ingrat mais cher Amant ;
Et reprens de si douces chaînes.

Reviens dans un séjour charmant
Où pour nos tendres cœurs l'amour exemt de peines,
Devoit par les plaisirs marquer chaque moment :
Reviens, &c.

Cruel! Tu t'applaudis du trouble de mon ame :
Mais dans le dépit qui m'enflâme ...

G L A U C U S.

Croyez-en ce dépit , & loin de ce séjour
Oubliez pour jamais l'ingrat qui vous offense.

C I R C É.

Ah ! L'oubli n'est l'effet que de l'indifference ;
Et tu dois choisir en ce jour ,
De ma haîne, ou de mon amour.

Pensois-tu que par son absence
L'implacable Circé désarmant sa fureur
Te laisseroit en paix jouir de ton bonheur ?

Non, ne te flatte pas d'une vaine efpérance :

L'amour ne peut quitter mon cœur,
Qu'en le livrant à la vengeance.

G L A U C U S.

Et vous, ne croïez pas étonner ma conftance :
Vos tranfports menaçans ne peuvent m'ébranler.

C I R C É.

Je fçaurai te faire trembler ;

Je frapperai ton cœur par un endroit fenfible :
Et ta Scylla victime....

G L A U C U S.

O ciel ! N'achevez pas.

Cruelle ! Refpectez un objet plein d'appas

C I R C É.

Si tu l'aimes toûjours, mon ame eft inflexible,
Rien ne la peut fauver d'un trop jufte trépas ;
Et je cours fatisfaire à mon impatience....

G L A U C U S.

Ah! Si vous épargnez un fang fi précieux,

Attendez tout de ma reconnoiffance.

C I R C É.

Avec moi dès ce jour abandonne ces lieux ;

Et tu défarmes ma vengeance.

G ij

GLAUCUS.

Oui, mon cœur se laisse émouvoir ;
Mais souffrez qu'à Scylla je déclare moi-même.....

CIRCÉ.

Non, il faut partir sans la voir.
Tu balances encor !

GLAUCUS.

Quelle rigueur extrême !

à Circé.

Eh bien, il faut céder ; j'immole mon amour.

à part.

Eloignons-là de ce séjour.

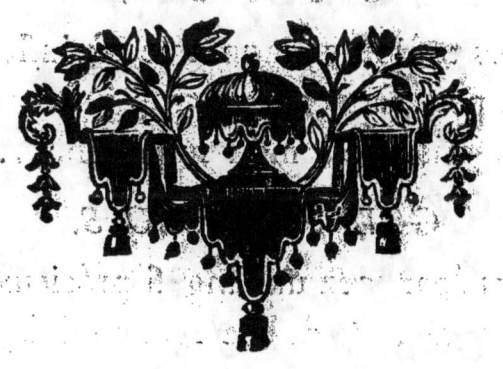

SCENE II.

CIRCÉ, GLAUCUS.

SCYLLA, DORINE.

SCYLLA.

OU courrez-vous, Glaucus ?

C I R C E', à part

O difgrace fatale !

S C Y L L A.

Cher Glaucus , m'abandonnez-vous?

C I R C E' , à *Glaucus.*

Crains de réveiller mon courroux.

S C Y L L A, à *Glaucus.*

Vous ne répondez rien ; ma peine eft fans égale :

G L A U C U S.

Scylla craignez de m'arrêter :

Il y va de vos jours.....

S C Y L L A.

Si vous m'êtes fidele,
Ah! Dussai-je éprouver la mort la plus cruelle,
Demeurez.

C I R C É, *à Glaucus.*

Ma fureur est prête d'éclater.

S C Y L L A, *à Glaucus.*

C'est faire trop de résistance :
Je ne te presse plus ; & de ton inconstance
Mon cœur ne sçauroit plus douter,
Perfide !

G L A U C U S, *à Scylla.*

O ciel ! Quelle injustice !
Scylla ! Moi perfide ! Grands Dieux !
Ne puis-je dissiper un soupçon odieux ?

à Circé.

Et vous, qu'à vos genoux Glaucus vous attendrisse,
Verrez-vous sans pitié mes yeux baignés de pleurs?
Ah! si je vous suis cher, mes mortelles douleurs,
Circé ! * Ses larmes, ma priére,
Desarmeront votre colére.

* *Montrant Scylla.*

C I R C É , à *Glaucus.*

C'en eft fait, mon courroux cede à votre douleur ;
Et mon reffentiment expire :
Il faut au prix du mien faire votre bonheur :
Glaucus, à cet effort connoiffez fur mon cœur
Tout ce que vous avez d'empire.

G L A U C U S , & *S C Y L L A.*

O générofité trop digne qu'on l'admire !

C I R C É.

Allez, couple fidele, épargnez à mes yeux ;
D'être encor les témoins des tranfports de votre ame :
Heureufe fi j'oublie en partant de ces lieux,
Les douceurs dont l'Amour va payer votre flâme !

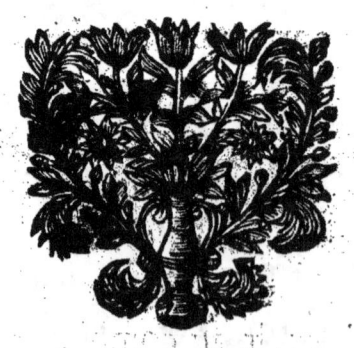

SCENE III.

CIRCÉ, DORINE.

CIRCE'.

AH! c'eſt trop conſerver une inutile ardeur :
Que de ſes fers enfin mon ame degagée,
Ne reſpire que la fureur.

DORINE.

Ciel! Dans quel déſeſpoir je vous revois plongée !
Quoi ces généreux mouvemens
Dont vous flattiez ces deux amans...

CIRCE'.

Depuis que mon courroux cherche à ſe ſatisfaire,
En parcourant tout ce ſéjour,
J'ai découvert une onde pure & claire
Que les yeux de Scylla conſultent chaque jour ;
Par mes enchantemens bientôt à ma rivale
Je ſçaurai la rendre fatale :
Et l'ingrat qui ſe croit au comble de ſes vœux,
N'en ſera que plus malheureux.
                                        Ah !

Ah ! Que la vengeance a de charmes,
Quand on ne peut se faire aimer !
Quel plaisir pour mon cœur de voir couler des
larmes,
Des yeux que je n'ai pu charmer !

Le théatre s'obscurcit par les ombres de la nuit, & semble
n'être plus éclairé que par les feux du mont Ætna, &
par la lumiere de la Lune qui paroît.

CIRCÉ continue.

Mais déja de ses voiles sombres,
La nuit embrasse l'univers :
Dorine, j'ai besoin du secours des enfers ;
Laisse-moi profiter du silence & des ombres.

SCENE IV.
CIRCÉ, *seule.*

Noires Divinités de la rive infernale,
Sortez ; sortez ; paroissez à mes yeux :
Oubliez un moment Ixion & Tantale ;
Venez troubler la paix qui regne sous les cieux.

H

SCENE V.

CIRCÉ,

DIVINITÉS INFERNALES.

CHOEUR.

Que Circé nous inspire une fureur nouvelle ;
      Sortons , sortons ; paroissons à ses
    yeux :
Hâtons nous , hâtons nous quand sa voix nous
    appelle ,
Troublons , troublons la paix qui regne sous les
    cieux.

On danse.

CIRCÉ.

    Brillante fille de Latone ,
    Cessez d'éclairer l'univers ;
    Descendez , traversez les airs :
Que toute la nature en fremisse , & s'étonne ;
    Et que les Cieux s'unissent aux Enfers.

CHOEUR.

    Brillante fille , &c.

*Les enchantemens & les danses continuent : on voit la
lumiere de la Lune s'affoiblir ; & cet astre se précipite
dans la Terre.*

CIRCÉ.

Du flambeau de la nuit la clarté pâliffante ,
   Semble répondre à notre attente ;
Et cet aftre à la fin cédant à nos efforts ,
   Se précipite aux fombres bords.

CIRCÉ & le CHOEUR.

  Déeffe redoutable ,
  Rendez vous à nos vœux ;
  Soyez-nous favorable :
  Déeffe redoutable ,
Hécate , revenez préfider à nos jeux.

Les cérémonies magiques, & les danfes recommencent.

CIRCÉ.

La terre s'ouvre : Hécate a reçu nos priéres ;
Et fa préfence vient confommer nos miftéres.

SCENE VI.

CIRCÉ, HÉCATE,

DIVINITÉS INFERNALES.

HÉCATE, à Circé.

POur toi feule deux fois j'ai paffé l'Achéron ,
  Circé, pour affouvir ta rage ,

Je t'apporte avec moi le plus mortel poison
Qu'ait sur ses tristes bords produit le Phlégéton.

Elle lui donne une herbe empoisonnée.

C I R C É.

De vos terribles dons je sçaurai faire usage,
Déesse je cours me venger :
Malheur à qui sçût m'outrager !

Elle sort.

H É C A T E.

Mais l'aurore bientôt va dissiper les ombres :
Rentrons dans nos demeures sombres.

C H O E U R.

Rentrons dans nos demeures sombres.

FIN DU QUATRIEME ACTE.

ACTE CINQUIEME.

Le théatre repréfente un lieu préparé pour une fête.
On voit une fontaine.

SCENE PREMIERE.
GLAUCUS, SCYLLA.

GLAUCUS.

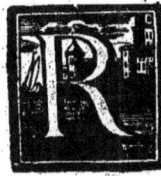IEN ne s'oppofe plus à ma felicité ;
Rien ne peut l'égaler, que mon amour
extrême.

SCYLLA.

C'eft de votre fidelité,
Que dépend mon bonheur fuprême.

GLAUCUS.

Le bonheur qui m'enchante, & comble mes souhaits,
Donne à ce beau séjour mille nouveaux attraits ?
　　　　L'émail riant de la verdure ,
Brille , & plaît davantage à mes yeux satisfaits ;
L'haleine de Zéphire est plus douce & plus pure :
Il semble quand l'Amour répond à nos désirs ,
　　　　Que pour mieux payer nos soupirs,
　　　　Il embellisse la Nature.

SCYLLA.

　　　Ne puis - je exemte de frayeurs ,
De l'amour comme vous , éprouver les douceurs ?

GLAUCUS.

Aux Ciclopes jadis la Sicile asservie ,
　　　　De leur joug se vit affranchie ;
　　　　Le Peuple aujourd'hui par ses jeux ,
　　　　Va célébrer ce jour heureux :
Ah ! Lorsque tout ici respire l'allégresse ,
Seroit-ce à vos beaux yeux de répandre des pleurs ?

SCYLLA.

D'un noir pressentiment je ne suis point maîtresse,
　　　　Il m'inspire mille terreurs :
Je crains Circé.... Je crains sa fatale tendresse.

GLAUCUS.

Peut-être que son cœur si prompt à s'enflâmer,
De Glaucus pour jamais a perdu la mémoire.

SCYLLA.

Eh quoi ? Scylla peut-elle croire
Que l'on cesse de vous aimer ?

Du moins si votre cœur étoit toujours le même !

ENSEMBLE.

C'est de votre fidelité,
Que dépend mon bonheur suprême :
Non, rien ne manque plus à ma félicité,
Si vous m'aimez toujours autant que je vous aime.

GLAUCUS.

Mais la fête va commencer ;
Et nous voyons déja le Peuple s'avancer :
Prenons part à leurs jeux ; que votre crainte cesse :
Mêlons des chants d'amour, à leurs chants d'allé-
gresse ?

SCENE II.
GLAUCUS, SCYLLA.

HABITANS DE LA SICILE, *qui viennent célébrer le jour de la délivrance de leur Pays.*

CHOEUR.

CHantons, bénissons à jamais,
Célébrons ce jour mémorable
Où le Ciel favorable
A comblé nos souhaits,
Chantons, bénissons à jamais,

On danse.

GLAUCUS, *aux Peuples.*

Chantez, chantez l'Amour, chantez ses douces
flâmes ;
Hâtez-vous, hâtez-vous de ressentir ses feux :
Ah ! Si vous voulez être heureux,
Qu'il enchaîne vos cœurs, qu'il régne sur vos âmes.
Chantons, chantons l'Amour, chantons ses douces
flâmes ;
Qu'il enchaîne nos cœurs, qu'il régne sur nos âmes.

CHOEUR.

C H O E U R.

Chantons, chantons l'Amour, chantons fes douces
    flâmes;
Qu'il enchaîne nos cœurs, qu'il regne fur nos âmes.

On danfe.

UNE SICILIENNE, alternativement avec le Chœur.

Viens Amour, quitte Cithére,
Laiffe-là tes traits vainqueurs;
Pour défarmer la plus fiére,
Il ne faut que tes faveurs :

Envain la raifon févére
Veut déffendre notre cœur,
Tu la forces de fe taire,
Quand tu fais notre bonheur.

Dieu d'amour, faut-il fans ceffe,
Quand nos Bergers font amans,
Voir la fin de leur tendreffe,
Avant celle du Printems ?

Fais qu'ici leurs doux hommages
Puiffent durer plus long-tems;
Ou du moins rends nous volages,
Quand tu les rends inconftans.

On danfe.
I

GLAUCUS, *à Soylla.*

C'eft au bord de cette fontaine,
Pour la premiére fois que je vis vos beaux yeux.

SCYLLA.

Un fouvenir fi précieux,
Vers fon charmant criftal m'entraîne.

Après avoir regardé dans la fontaine.

Dieux! Quel frémiffement, quelle horreur me faifit?
L'air fe trouble, le jour pâlit·
Quels monftres affreux m'environnent!

à Glaucus.
Sauve moi, cher amant, de leurs noires fureurs.

Glaucus s'approche d'elle.

SCYLLA *continue.*

Inutile fecours! mes forces m'abandonnent . . . .
Cher Glaucus, je vous perds. . . . Je fuccombe. . . .
je meurs.

Elle tombe fur un lit de gazon.

GLAUCUS.

Elle expire. O douleur mortelle!

CHOEUR.

O ciel! ô fortune cruelle!

GLAUCUS.

Ah ! Que ne pouvez-vous, mes yeux, mes triftes
    yeux,
Vous fermer pour jamais à la clarté des Cieux ?

Aux Peuples.

Témoins de mon malheur, partagez ma trifteffe.

CHOEUR.

Plaignons, plaignons, la douleur qui le preffe.

GLAUCUS.

Hélas ! Quel funefte fuccès !
Quelle fin d'un amour fi tendre & fi fidele !
Scylla ! Chere Scylla ! Vainement je l'appelle :
Vainemeut de mes cris je remplis ces Forêts.
    Scylla !

CHOEUR.

Scylla !

SCYLLA revenant de fon évanouiffemenc.

Qu'entens-je ? Quels regrets ?
Les Enfers feroient-ils fenfibles à ma peine ?

GLAUCUS.

Elle refpire, ô ciel ! … Scylla…

SCYLLA.

Que vois-je ô Dieux !
Quoi Circé, ta rage inhumaine
Me pourfuit jufques dans ces lieux !
Evitons, évitons des objets que j'abhorre.

GLAUCUS.

Ah ! Dans l'état funeste où je la vois encore,
Suivons-là ....

SCENE DERNIERE.

GLAUCUS, CIRCÉ *en l'air fur un Dragon.*
PEUPLES DE LA SICILE.

CIRCÉ.

Demeure, Glaucus;
Epargne toi des foins qui feroient fuperflus :
Songe, fonge plûtôt à t'armer de conftance.
Ta Scylla dans les flots oppofés à fes pas,
A déja trouvé le trépas,
Et fatisfait à ma vengeance.

Mais il faut rendre à ta perféverance
L'objet de ces regrets dont je te vois preffé.

*Le théatre change, & repréfente la mer & le détroit de
Sicile. On voit d'un côté le Promontoire de Rhége en Ita-
lie & le Gouffre de Carybde ; & de l'autre un Rocher re-
préfentant une femme, ayant le corps d'une Siréne ; &
des monftres qui femblent aboyer autour d'elle.*

C I R C É continue.

Voilà cette Nimphe ſi belle,
Et les triſtes effets de ton amour pour elle,
Et de ta haine pour Circé.

G L A U C U S.

Hélas *!* Que ma douleur ſur ce fatal rivage
Redouble à ces triſtes objets *!*
Portons en d'autres lieux mes pleurs & mes regrets.

Il ſort.

C I R C É.

Que ce rocher monument de ma rage,
Près de ce gouffre dangereux,
Soit un écueil encor mille fois plus affreux :
Et qu'offrant à jamais un funeſte aſſemblage
Pour le malheur de l'univers,
Et Carybde & Scylla, ſoient la terreur des mers.

Elle s'envole.

FIN DU Ve. & DERNIER ACTE.

———————————————————

A P P R O B A T I O N.

J'Ai lû par ordre de Monſeigneur le Chancelier *Scylla & Glaucus, Tragedie en Muſique*, & je n'y ai rien trouvé qui doive en empêcher l'Impreſſion. A Verſailles, ce 11 Septembre 1746.

DEMONCRIF.

PRIVILEGE DU ROY.

LOUIS par la grace de Dieu, Roy de France & de Navarre : A nos amés & feaux Conseillers, les Gens tenans nos Cours de Parlemens, Maîtres des Requêtes ordinaires de nôtre Hôtel, Grand'Conseil, Prévôt de Paris, Baillifs, Sénéchaux, leurs Lieutenans Civils, & autres nos Justiciers qu'il appartiendra, Salut. Nôtre très cher & bien amé le Sieur LOUIS-ARMAND EUGENE DE THURET, cy-devant Capitaine au Regiment de Picardie ; Nous a fait représenter que, par Arrest de nôtre Conseil du 30 May 1733. Nous avons revoqué le Privilege qui avoit été accordé au Sieur le Comte & ses Associez, pour raison de l'Academie Royale de Musique, ses circonstances & dépendances, & rétabli ledit Privilege en faveur dudit Sieur Exposant, pour en joüir par lui, ses Associez, Cessionnaires & ayans-cause aux charges & conditions portées par ledit Arrest, pendant le temps & espace de vingt-neuf années, à compter du premier Avril de ladite année 1733 & que pour l'exploitation dudit Privilege, ledit Sieur Exposant se trouve obligé de faire imprimer & graver les Paroles & la Musique des Opera qu'il doivent être représentés ; mais que pour cet effet il a besoin de nôtre Permission & des Lettres qu'il Nous a très-humblement fait supplier de lui accorder. A CES CAUSES, voulant favorablement traiter ledit Exposant : Nous lui avons permis & permettons par ces Presentes de faire imprimer & graver *les Paroles & Musique des Opera, Ballets & Fêtes qui ont été ou qui seront representés par l'Academie Royale de Musique, tant séparément que conjointement* en tels Volumes, forme, marge, caractere, & autant de fois que bon lui semblera, & de les faire vendre & debiter par tout nôtre Royaume ; pendant le temps de vingt-neuf années consecutives à compter du jour de la datte desdites Presentes. Faisons défenses à toutes personnes, de quelque qualité & condition qu'elles soient d'en introduire d'impression ou Gravure Errangere dans aucun lieu de nôtre obéissance : Comme aussi à tous Imprimeur, Libraire, Graveurs, Imprimeurs, Marchands en Taille-Douce, & autres de graver, ni faire graver, imprimer, ou faire imprimer, vendre, faire vendre, debiter ni contrefaire lesdites Impressions, Planches & Figures de Paroles, de Musique des Opera, Ballets & Fêtes, qui ont été ou qui seront representez par ladite Academie Royale de Musique, tant séparément que conjointement en tout ni en partie, sans la permission expresse & par écrit dudit Sieur Exposant, ou de ceux qui auront droit de lui, à peine de confiscation, tant des Planches & Figures, que des Exemplaires contrefaits & des Ustanciles qui auront servi à ladite contrefaçon, que Nous entendons être saisis en quelque lieu qu'ils soient trouvez, de dix mille livres d'amende contre chacun des Contrevenans, dont un tiers à Nous, un tiers à l'Hôtel-Dieu de Paris, l'autre tiers audit Sieur Exposant, & de tous dépens, dommages & intérests, à la charge que ces Presentes seront enregistrées tout au long sur le Registre de la Communauté des Libraires & Imprimeurs de Paris, dans trois mois de la datte d'icelles ; que la Gravure & Impression desdites Paroles & Opera sera faite dans nôtre Royaume & non ailleurs, en bon papier & beaux caracteres, conformément aux Reglemens de la Librairie, & notamment à celui du dix Avril 1725. & qu'avant de les exposer en vente, les Manuscrits gravés ou imprimés seront remis dans le même état où les Approbations auront été données ès mains de nôtre très-cher & feal Chevalier Garde des Sceaux de France, le Sieur Chauvelin ; & qu'il en sera ensuite remis deux Exemplaires de chacun dans nôtre Bibliotheque publique, un dans celle de nôtre Château du Louvre, & un dans celle de nôtre très-cher & feal Chevalier Garde des Sceaux de France, le Sieur Chauvelin : Le tout à peine de nullité des Presentes ; Du contenu desquelles Vous mandons & enjoignons de faire joüir ledit Sieur Exposant, ou ses Ayants-cause, pleinement & paisiblement sans souffrir qu'il leur soit fait aucun trouble ou empêchement. Voulons que la Copie desdites Presentes, qui sera imprimée tout au long au commencement ou à la fin desdites Paroles ou Opera, soit tenue pour duëment signifiée ; & qu'aux Copies collationnées par l'un de nos amés & feaux Conseillers & Secretaires, foy soit ajoûtée comme à l'Original. Commandons au premier nôtre Huissier ou Sergent, de faire pour l'exécution d'icelles tous Actes requis

& neceſſaires , ſans demander autre permiſſion , & nonobſtant Clameur de Haro, Châtre Nor-
mande & Lettres à ce contraires. CAR tel eſt nôtre plaiſir. DONNE' à Fontainebleau le
douziéme jour de Novembre , l'An de Grace mil ſept cent trente-quatre , & de notre Regne
le vingtiéme : *Et plus bas* , Par le Roy en ſon Conſeil. *Signé* SAINSON, avec paraphe.

*Regiſtré ſur le Regiſtre VIII. de la Chambre Royale des Libraires & Imprimeurs de
Paris , N. 797. fol. 779. conformément aux anciens Réglemens , confirmés par celui du
28 Février 1723. A Paris le 23 Novembre 1734.*

G. MARTIN, *Syndic.*